NOTICE HISTORIQUE

SUR

M. A.-J. SAINT-MARTIN,

MEMBRE DE L'INSTITUT (ACADÉMIE DES INSCRIPTIONS) CHEVALIER
DE LA LÉGION-D'HONNEUR, RÉDACTEUR DU JOURNAL ASIATIQUE,

PAR M. BROSSET JEUNE,

SON ÉLÈVE.

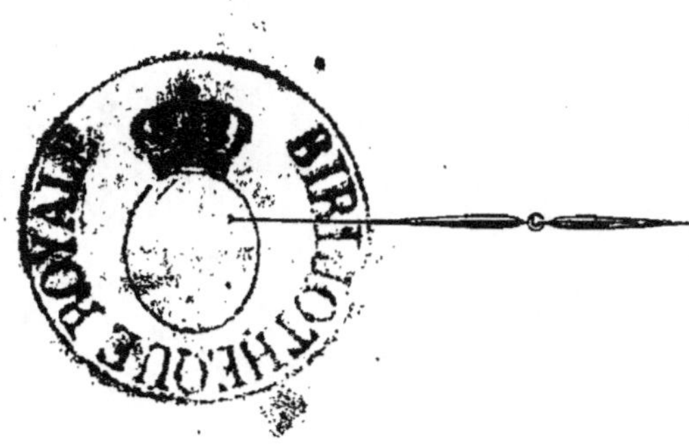

PARIS,

IMPRIMERIE DE FIRMIN DIDOT FRÈRES,

RUE JACOB, Nº 24.

1833.

NOTICE HISTORIQUE

SUR

M. A.-J. SAINT-MARTIN,

MEMBRE DE L'INSTITUT (ACADÉMIE DES INSCRIPTIONS) CHEVALIER
DE LA LÉGION-D'HONNEUR, RÉDACTEUR DU JOURNAL ASIATIQUE.

Si la vie des sages et des hommes illustres appartient à l'histoire contemporaine, la postérité réclame à son tour leurs leçons et leurs vertus, pour en faire ses modèles et son admiration.

D'ailleurs, quand ils jouèrent un rôle important dans l'univers, les orages politiques qu'ils ont traversés grondent encore après eux, et les passions de haine ou d'amour, soulevées sur leur passage, ne cessent pas de s'agiter sur la poussière de leur tombe.

Pour nous, destinés à leur survivre, c'est donc un devoir, à la fois doux et pénible, d'anticiper envers eux le juste tribut de la reconnaissance de l'avenir, en nous hâtant de buriner en traits fidèles leur brillante et ineffaçable image.

J'aimai, je chéris, je vénérai, je regrette amèrement chaque jour l'homme célèbre dont je veux écrire la vie; mais je ne serai ni louangeur ni partial : sa modestie m'en fait un devoir, et je ne saurais mentir devant sa haute supériorité.

Antoine-Jean Saint-Martin naquit le 17 janvier 1791, dans une famille d'honnêtes et honorables négociants. Placé au voisinage de l'Hôtel-de-Ville, il lui fut donné, jeune encore, d'assister comme témoin aux orgies de la terreur, d'entendre les

cris ignobles de l'émeute, et de contempler l'agonie des vic-
times sur plus d'un char funèbre.

Destiné d'abord au commerce, il en suivit de bonne heur e
les opérations avec cette ténacité que nous lui avons connue·
Son activité, son amour du travail, son dévouement suffisaient
à tous les détails des trois établissements de son père, dont il
était le messager, l'âme, le *factotum*. Frappé d'un si bel assem-
blage de rares qualités, un banquier, ami de la maison, engagea
le père du jeune homme à ne pas le laisser dégénérer dans une
carrière inférieure à ses moyens. Quelle que fût la prospérité
de ses affaires, c'était beaucoup exiger qu'un négociant se pri-
vât d'un appui sur lequel il devait naturellement compter; mais
les encouragements du banquier ne furent pas perdus pour ce
jeune homme. Il se chargea, lui, d'allier le commerce à l'étude,
les détails du moment avec ses hautes destinées.

Il commença dès-lors à donner ses journées au travail de la
maison, et une partie des nuits à des recherches littéraires.
Doué d'une excessive sobriété, qui l'accompagna jusqu'au dernier jour de sa vie, et penseur par caractère, les repas et les
jeux, ces grandes occupations de l'enfance, ne lui enlevaient
qu'une faible portion de son temps. Il put donc suivre des cours
d'étude au collége des Quatre-Nations, que venait de rouvrir
le gouvernement consulaire. Quelle dut être l'application d'un
élève, faisant dans ses loisirs de tels progrès, qu'il forçait son
maître, M. Mentelle, à s'écrier: « J'apprends mille choses de
cet enfant. »

M. Saint-Martin, en effet, avait reçu de la nature, et déve-
loppé par la méditation, une perspicacité rare pour découvrir
les rapports des choses. Il était déja, à ce qu'il paraît, si bien
habitué à s'approprier par la réflexion les idées d'autrui, que
bientôt, comme s'il en eût été le maître, il vous y faisait voir
ou des faibles inaperçus, ou des faces nouvelles.

A vingt ans, M. Saint-Martin avait acquis une solide théorie
et une pratique sûre de deux des plus riches idiomes de l'Asie,
aussi différents l'un de l'autre que les mœurs des peuples qui
les parlent ont peu de ressemblance, l'arabe et l'arménien. Que
dis-je? sa mémoire docile s'était exercée sur une demi-douzaine

d'autres, dont, sans en posséder la plénitude peut-être, il avait cependant des notions justes et étendues : mais, pour apprécier ses efforts, il faut se reporter à une époque où n'avaient encore paru, ni la grammaire, ni la chrestomathie arabes, ni le dictionnaire arménien d'Aucher. Il fallait donc, pour travailler, que M. Saint-Martin se fît d'abord des instruments de travail.

Ce jeune homme, fort de sa volonté et de sa tenace observation, apprit donc presque seul, et de génie, cinq langues, l'arabe, l'arménien, le persan, le syriaque, le turk, dont une seule suffit au travail de l'âge viril, sans compter celles qu'il ne fit qu'effleurer, comme le zend et le géorgien, car tout cela se retrouve dans les Mémoires sur l'Arménie. Or, l'auteur de ce merveilleux livre nous assure qu'il était conçu et presque rédigé en 1812. Il fut achevé d'imprimer en 1819, dans sa vingt-septième année.

Quand je considère ce livre étonnant qui fut son début, son chef-d'œuvre, toute sa gloire, toute sa puissance, je ne m'étonne point de l'admiration que lui accordèrent les connaisseurs. Dans nos études, le philologue n'est que le mineur qui extrait le minerai brut, et tout au plus le dégage de sa gangue; au lieu que l'érudit est l'habile metteur en œuvre, qui sait en tirer des merveilles. Tel était le but de M. Saint-Martin. Il marcha dès l'abord, sans hésiter, vers ce but qu'il paraît n'avoir jamais ignoré, celui de faire servir les langues à l'histoire et à la géographie de l'Asie occidentale, et d'après un plan conçu en gros, dès sa première jeunesse, dont il ne s'écarta jamais. Il compulsa donc, et dépouilla tout ce qu'il y a d'écrit sur cette partie, en arménien, arabe et turk.

M. Saint-Martin avait de grandes vues sur l'étude des pays où se concentraient ses recherches. L'arménien tient au persan moderne, et plus encore à l'ancien. M. Saint-Martin s'était proposé, comme objet d'examen, tous les dialectes de cette ancienne langue, si glorieuse, si vénérée dans la bouche de Xerxès, et sous la plume de Zoroastre. Il avait donc cherché, dans la langue du zend et dans ses ramifications, les raisons qu'il ne pouvait trouver dans son arménien, relativement trop moderne pour lui. Il avait aussi voulu rattacher ses études aux idiomes caucasiques, et dépouillé ce que l'on en savait alors pour la langue géorgienne. Avec Maggi, il s'était fait un vocabulaire de quelques centaines de mots, vocabulaire bien mauvais sans doute. De cette sorte, en prenant l'Arménie pour position centrale, il s'étendait sur la Parthie, la Médie, les montagnes des Courdes, l'Assyrie et la Chaldée; et le grec de l'Anatolie le menait, par la Lazique, à la Colchide, l'Ibérie et l'Albanie. Là, il expliquait l'un par l'autre, les langues et l'histoire, la chronologie et les sciences, et tous les rapports des peuples de son domaine. Je dis son domaine, car il était souverain de cette vaste portion de l'Asie littéraire.

S'il n'eût fallu que traduire, rien de plus facile: comparer et conclure l'est bien moins. Or, tel est le principal mérite du premier volume de ses Mémoires.

Vous y trouvez d'abord un discours contenant, pour ainsi dire, l'état de situation de la langue arménienne, et des considérations profondes et tout à fait neuves de philologie historique; puis un travail également neuf de géographie également fondée sur l'histoire, fruit d'immenses lectures. Viennent ensuite des tables de l'histoire civile et religieuse d'Arménie, dont les résultats ne sont pas toujours d'accord avec d'autres travaux plus connus; mais l'auteur n'a pas cité ses autorités.

Quant au second volume, à part la dissertation si curieuse sur l'établissement des Mamigoniens et des Orpélians en Arménie, la traduction d'un texte déja assez bien épuré par les Arménistes de Madras, n'offrait pas de très-grandes difficultés. Mais, que l'on prenne la peine d'examiner ces nombreuses notes destinées à compléter un texte trop court, et cette richesse d'extraits de toutes langues dont elles sont pleines, on n'a pas assez d'éloges pour un pareil travail.

M. Saint-Martin a laissé en manuscrit une quantité considérable de traductions de l'arménien: 1° un Abrégé d'Histoire universelle; 2° l'Histoire de Lazare de Parbe; 3° Moyse de Khoren; 4° plusieurs portions considérables d'un ouvrage intitulé: Histoire d'Arménie, que je n'ai pu assez examiner pour en nommer l'auteur; 5° l'Histoire des Vardaniens, par Élisé; 6° l'Histoire du pays de Taron, celle de Nersès-le-Grand, l'ouvrage de Nersès

Claïetsi; le tout plus ou moins complet; 7° la vie de Thamour, par Thomas de Mezzob, et enfin l'Histoire d'Arménie du patriarche Jean, qui paraissent terminées. Ces divers ouvrages, très-volumineux, m'ont semblé se rapporter à un temps assez ancien, à cause de la différence notable des écritures.

Le Journal des Savants rendit un compte très-favorable des mémoires sur l'Arménie, et l'Italie savante lui paya un juste tribut d'éloges dans la *Bibliotheca italiana*, des mois d'avril et de mai 1821.

J'ai pourtant entendu nier les connaissances de M. Saint-Martin en arménien et en arabe, et vraiment on ne peut se rendre compte d'une pareille agression. Il fait imprimer un livre considérable, plein d'extraits et de traductions : le livre circule, et pas une critique ne s'élève. Ou il n'y avait pas de juges, et c'est alors la preuve d'un mérite original; ou il y en avait, et, en déclinant leur compétence, ils ont entendu approuver ce qu'ils n'attaquaient pas. Pour ne rien dire de ce qui n'est point dans mes attributions, je puis assurer, quant à l'arménien, que j'ai attentivement confronté avec les textes les traductions d'arménien faites par mon maître, et que j'y ai trouvé mieux qu'une philologie minutieuse, le sentiment de la valeur des phrases, la précision rigoureuse des expressions techniques ayant une portée plus que grammaticale, en un mot, la parfaite appréciation des choses.

J'ai omis, dans la rapidité du récit, une circonstance qui influa beaucoup, à mon sens, sur la carrière de M. Saint-Martin, ce sont ses liaisons avec M. Abel-Rémusat. Dans sa première jeunesse, cet homme, depuis si célèbre, eut occasion de fréquenter les belles galeries de l'abbé de Tersan. Tandis qu'il y puisait le goût de la langue chinoise, et y trouvait les moyens de l'étudier, un jeune homme, destiné à d'autres études, venait y chercher tout ce qui se rattachait à l'Arménie et aux Arsacides. Après l'amour du beau moral ou de la même vertu, il n'y a sans doute que celui du beau intellectuel qui puisse établir de vives sympathies. Deux âmes qu'emporte vers ce noble but leur excellente nature, se rencontrant dans les routes de la science, se comprennent, s'attirent, semblent se reconnaître

comme d'anciens citoyens d'une patrie commune. Voilà l'amitié philosophique. Mais comment l'expliquer entre deux êtres
de propensions si diverses? C'est que la véritable amitié ré-
sulte d'une conformité de goûts, alliée à quelques différences
dans les opinions et les manières. (Pour l'honneur du siècle,
l'un n'alla pas moins loin, et s'éleva aussi haut que l'autre.)

Quand M. Rémusat fit paraître son premier ouvrage, l'Essai
sur la langue et la littérature chinoise, en 1811, M. Saint-Martin prit aussi la plume pour la première fois que je sache,
pour annoncer le livre de son ami, dans le *Magasin encyclopé-
dique* du mois de septembre. Sans rien connaître lui-même à
la marche de cette langue, alors mystérieuse, son instinct du
bon lui faisait deviner tout ce qu'il y avait de mérite à n'avoir
pas désespéré de soi, et à soulever le voile tant épaissi par la
demi-science de Fourmont. M. Saint-Martin rendit compte du
livre, et, plus tard, de la grammaire chinoise, dans les premiers numéros du *Journal asiatique*, non pas avec la verve de
l'amitié indulgente, mais par une analyse méthodique discutée
avec sa conscience.

A son tour, en 1813, quand M. Rémusat soutint sa thèse de
docteur en médecine, sur les signes des maladies par la langue,
il en dédia le premier exemplaire à M. Saint-Martin, avec cette
épigraphe prophétique: *J. Saint-Martin, alteri litterarum orien-
talium spei.* Jeune talent, qui ne voyait dans le monde que lui
et l'amitié! Ceux qui pensent que l'étude dessèche le cœur, ignorent donc jusqu'à quel point se développe dans le véritable
homme de lettres la sensibilité morale. Sans doute, le désir de
la gloire est un puissant motif; mais l'immortalité littéraire est
une promesse lointaine, et notre ami est là, à qui il faut justi-
fier son estime pour nous, et prouver la nôtre. Molière et Buf-
fon voulaient plaire à leurs valets.

J'oubliais aussi de mentionner deux petits écrits de M. Saint-
Martin, où se peint vivement le caractère sérieux de sa philosophie et l'énergie de son âme. En 1814, mourut le jeune et
estimable rédacteur du *Mercure de France*, Bourgeat de Gre-
noble. M. Saint-Martin, comme son ami, l'accompagna vers sa
dernière demeure, et, comme éminemment digne de l'appré-

cier, il voulut, sur sa tombe, lui rendre un dernier hommage. Sa position à cette époque, l'incertitude de son sort, depuis si glorieux, tout concourut à lui inspirer de touchantes paroles. La philosophie dont elles sont empreintes, révèle sans doute une âme triste et affligée, mais j'ai toujours vu M. Saint-Martin, au faîte même des honneurs, porté à s'attendrir vivement sur l'homme de lettres malheureux.

Plus tard, lorsqu'en 1815, le grand empereur, assis pour la deuxième fois sur son trône usurpé, proposa l'acte additionnel aux constitutions impériales, chacun se souvient que l'adhésion des Français fut demandée aux uns sur le Champ-de-Mai, aux autres par serment isolé. M. Saint-Martin, qu'aucun lien n'attachait alors au gouvernement, osa émettre une opinion négative, il osa la faire imprimer, et la rendre publique. Dans la rédaction des *Motifs de son vote*, on reconnaît cette décision sèche, nerveuse, tranchante, qui était dans le caractère de son âme et de ses écrits. Cette audacieuse publication ayant été mise sous les yeux de l'empereur, l'homme qui avait le plus de sentiment du beau dans les mœurs, il exprima sa stupeur, dirai-je sa satisfaction, d'un dévouement si courageux. Il demanda à madame Duchâtel, l'une des dames de l'impératrice-mère, de lui en présenter l'auteur. Il eût été beau de voir la puissance lutter contre la raison : car M. Saint-Martin ne se fût pas démenti. La mort devant ses yeux, il aurait tiré ses conclusions comme dans son cabinet. Parmi le tumulte des cent jours, la présentation fut ajournée.

Au retour des Bourbons, les deux chaires de chinois et de sanskrit ayant été créées pour les deux savants qui les avaient si hardiment conquises, il paraît que M. Saint-Martin désira obtenir pour lui-même un pareil encouragement. J'ai pu voir dans ses papiers la minute du mémoire composé par M. Rémusat dans un cas semblable, prêtée sans doute à son ami pour lui servir de modèle. Moins heureux, M. Saint-Martin n'obtint pas ce qu'il demandait, soit que sa pétition, que j'ai vue également, n'ait pas été remise, soit plutôt qu'il n'ait pas été placé dans des circonstances favorables.

Ce doit être vers 1816 ou 1817, que M. Saint-Martin pro-

nonça, à titre de secrétaire, le discours d'installation de la société des antiquaires de France.

Vers 1818, pour se conformer aux réglements intérieurs de
l'Institut, qui ne permettent pas aux personnes étrangères au
corps d'y lire en personne leurs ouvrages, il fit lire, dans plusieurs séances consécutives, des fragments d'un mémoire, ou
plutôt d'un ouvrage complet sur le royaume grec de la Messène
et de la Characène, dont j'avoue franchement que j'ignorais le
nom avant lui, et dont plusieurs personnes ignorent peut-être
comme moi le gisement. Cet ouvrage, qu'il n'a pas publié, que
je sache, s'est retrouvé manuscrit dans ses papiers. Soit qu'il
l'ait jugé indigne de lui, ou que d'autres travaux lui aient fait
oublier celui-là, il s'était contenté d'en retranscrire les premiers
cahiers. Sans vouloir caractériser ce travail d'après mes idées,
je puis dire que des juges expérimentés en ces matières ont vivement regretté qu'il restât inédit.

Au reste, M. Saint-Martin était trop sérieux pour se livrer aux
riantes illusions de la poésie et de l'imagination oratoire. Il
n'approuvait et ne voulait dans les ouvrages scientifiques que la
science. Tout ce qui n'était pas pensée, il l'appelait phrase, et
le passage ainsi qualifié perdait pour lui tout son mérite. Bien
différent en cela de son ami, écrivain non moins élégant que
philosophe exact, M. Saint-Martin voulait, et le disait haute-
ment, que la science fût aride, ennuyeuse, c'était son mot. Il
y revenait sans cesse, et voulait le rendre d'observance générale dans toute sa sphère d'influence. S'il s'en exceptait, lui,
c'était, il est vrai, non pour les formes de ses compositions littéraires, mais pour le fond, qu'il savait toujours rendre inté-
ressant aux hommes de l'art.

Il engagea, au commencement de 1820, une polémique littéraire avec un savant que venait de signaler la publication
des Annales des Lagides, ouvrage de difficile composition, et
d'une érudition remarquable. M. Saint-Martin crut devoir en
attaquer la chronologie, ou plutôt la base chronologique. Il en
résulta un opuscule tout de chiffres et de calculs, intitulé:
Nouvelles recherches sur la mort d'Alexandre, que l'auteur an-
nonce comme l'extrait d'un plus grand travail, et que je m'abs-

tiendrai de juger, parce que, pour être seulement en état de le suivre, il faut une science peu commune.

Ce fut le 2 septembre 1820, à l'âge de 29 ans, que M. Saint-Martin fut élu membre de l'Académie des inscriptions, en remplacement de Tôchon d'Anneci. A l'époque de 1822 se rapporte la publication de sa brochure relative au *Zodiaque de Dendérah*. Aujourd'hui si rebattu, ce sujet avait alors le mérite de la nouveauté : il eut de plus, sous la plume de M. Saint-Martin, celui de la plus grande lucidité dans l'exposition des faits, et surtout celui de fixer avec certitude les bornes, déja trop vastes, au-delà desquelles la science ne pouvait dater ce planisphère. C'était beaucoup de rabattre plus de quinze mille ans sur les calculs des Bailli et des Fourrier. Au reste, ne lui donnons pas plus d'importance que l'auteur lui-même n'y en attachait, comme l'atteste sa lettre du 19 septembre 1830, aux rédacteurs du *Temps*. Les hésitations même de la science sont utiles à ceux qui, plus tard, ont le bonheur de résoudre les problèmes, parce qu'elles isolent le point du doute.

Quand le mérite de M. Saint-Martin eut reçu la sanction solennelle de l'Institut, son nom, déja connu de l'Europe savante, ne fit que grandir ainsi que sa fortune. Il fut successivement appelé au ministère des Affaires-Étrangères, à titre de savant, pouvant être utile par ses connaissances ; nommé, en 1824, administrateur de la bibliothèque de l'Arsenal, puis chargé de la direction des types orientaux à l'imprimerie royale. Les services qu'il rendit dans ces divers emplois ont résolu, à l'honneur de l'érudition, la question de son utilité positive.

Est-il utile à l'homme de savoir ? doit-il, peut-il apprendre des autres peuples ? L'étude des langues et des antiquités est-elle l'instrument indispensable de la science de leurs usages ? Et, pour l'Orient, est-il possible, y a-t-il besoin de rien apprendre des peuples de l'Asie ? Voilà tout le problème.

S'il s'agit seulement, comme disent les rieurs, d'apprendre comme se dit *chapeau* à mille lieues de nous, et à cent lieues à l'entour, nul profit sans doute pour nous casaniers, bien que le voyageur pense différemment. D'ailleurs, il en est de ceci comme du luxe. Si l'homme allait tout nu, il aurait moins de besoins : ignorant, il saurait moins, et voilà tout. Ainsi, les sciences réunissent l'utile à l'agréable.

Sans géographie ni chronologie, point d'histoire, et partant, rien de fixe dans le passé; sans astronomie, point de chronologie ni de navigation, partant, point de commerce, ni d'échange, ni de voyages. Les peuples s'isolent; point d'esprit d'association ni de gouvernement possible; et cependant le temps marche, l'esprit s'éclaire de l'expérience du passé. Il force à refaire le commerce, la navigation, l'astronomie, la chronologie, l'histoire, la géographie, l'histoire naturelle générale, les sciences positives, l'industrie : c'est un cercle à n'en pas sortir. La science du philologue, si futile en apparence, a donc elle-même son utilité, en perfectionnant l'instrument nécessaire de toute communication entre les peuples, en épargnant le temps et la peine de ceux qui veulent l'employer.

Fières de s'être associées à la renommée de nos armes en Égypte, et à tous les rapports de la diplomatie avec le Levant, les langues orientales avaient toujours été grandissant d'importance depuis l'ordonnance de création de l'École-Spéciale ; les langues arménienne, chinoise et sanskrite, avaient tour à tour reçu les encouragements d'une administration éclairée. De laborieux élèves se lançaient chaque année dans cette route, ouverte à l'ambition comme au génie de la gloire. Pour leur servir de centre de ralliement, tout ce qu'il y avait d'illustres professeurs au Collége de France et à l'École-Spéciale, et d'amateurs distingués, convergèrent autour d'un homme dont le nom ne peut être ici prononcé qu'avec le respect dû à la supériorité incontestable du talent et de la vertu. La Société Asiatique surgit, en 1822, comme une aurore brillante, et prit pour sa devise un soleil levant. Il n'est pas besoin de dire que M. Saint-Martin fut l'un des premiers coopérateurs de cette noble pensée.

Radieuse dès son début, et progressive comme son modèle, la Société Asiatique dispersa d'abord les faisceaux de sa lumière dans un journal plein de recherches neuves et intéressantes, et employa ses ressources suivant la direction que lui imposait son réglement. Toutes les langues orientales cultivées dans son sein, le chinois, l'arménien, l'arabe, le pali, le sanskrit, le mandchou, une autre littérature née au milieu d'elle et par son inspiration , celle de la Géorgie, développèrent successivement leurs laborieuses recherches à l'ombre de son noble patronage. Disons-le avec orgueil ; aucune aggrégation, avec des ressources aussi modestes que celles de la Société Asiatique, n'aura fait autant qu'elle en dix ans d'existence.

Grâce à d'illustres protections et à l'excellente impulsion donnée à ses travaux, ainsi qu'à l'emploi de ses facultés , la Société Asiatique mérita et obtint bientôt de nouvelles faveurs. L'imprimerie royale lui fut ouverte par la munificence de nos rois ; son journal augmenta de volume, des mémoires plus considérables purent y être insérés, et je puis le dire, si la mort ne nous eût ravi M. Saint-Martin, il se proposait d'accroître encore l'importance et l'étendue du recueil dont la rédaction lui était confiée principalement.

Dans l'heureuse position où se trouvait à cette époque M. Saint-Martin, il n'usa jamais de son crédit et de son pouvoir que pour rendre service ; et je ne serai pas démenti, quand je dirai qu'il ne nuisit jamais à personne en connaissance de cause. Éclairé comme il l'était sur toutes les grandes questions qui se rattachent à la littérature et à l'histoire de l'Orient , personne n'était plus propre que lui à diriger des recherches en ce sens. A la faveur de l'emploi qui l'attachait au ministère des Affaires-Étrangères, il put seconder activement, dans son attraction vers l'Asie, un savant d'Allemagne, le docteur Schulz. Il rédigea pour lui d'une manière très-détaillée le plan du voyage qu'il devait exécuter, lui traça, du fond de son cabinet, la route qu'il aurait à suivre , comme s'il l'eût déja parcourue lui-même avec les caravanes, et lui indiqua jusqu'à de petites localités où il devait faire des recherches. Ces instructions, que j'ai eues long-temps en mon pouvoir, sont un ouvrage complet sur l'archéologie historique de l'ancienne Perse. Ce voyage n'eut malheureusement d'autre résultat, pour la science, que l'envoi en France de plusieurs manuscrits, les uns déja connus, les autres tout-à-fait nouveaux, et de beaucoup d'inscriptions , dont une géorgienne trouvée sur une cloche à Tchoullou Khévi, lieu dont j'ignore la position. Mais ces faits se rapportent aux années 1828 et suivantes.

Ce fut en 1824 que j'eus moi-même l'honneur d'être présenté à cet homme célèbre par celui qu'il aimait le plus. Je le connaissais de réputation, et l'un des amis de sa famille, avec qui ma profession me procurait des relations suivies, m'avait mis au fait. C'est même de la bouche de ce dernier que je tiens la plupart des détails concernant la jeunesse de M. Saint-Martin.

Je me rappelle, non sans sourire, que j'essayai de faire à M. Saint-Martin une sorte de harangue pour ma réception, et que, intimidé par la haute idée de son mérite, je me troublai au point de rester court : je fus cependant bien accueilli. Ainsi commença pour moi ce bienveillant patronage, dont je me souviendrai toute ma vie avec la mémoire du cœur.

Depuis lors, M. Saint-Martin se présente à moi sous un jour nouveau, et avec les saintes fonctions de guide intellectuel. Non, le don de la vie et les bienfaits de l'existence n'établissent point, entre le père et son fils, des liens plus forts ni plus sacrés que ceux qui unissent réciproquement le maître et son élève. Heureux l'homme qui rencontre dans la vie un maître éclairé ! Un regard, un ton de voix, un geste, un mot, une phrase, tombant de la bouche du maître guident, encouragent, récompensent l'élève. Ceci est bien ! faites cela ! vous êtes dans l'erreur ! On aime autant le blâme que la louange, parce que l'un et l'autre sont des conseils. Qu'il y a loin des avis du maître à cette critique toujours hurlante, aux désespérants conseils, aux sarcasmes envenimés qui entament ou exaspèrent le génie ! Non, quand je rappellerais l'étai robuste donné au timide essor de la jeune vigne, la mère qui forme les premiers pas de son nouveau-né, le pilote qui, sur une mer dangereuse, dirige la marche du vaisseau ; toutes ces images de la force, de la sagesse, de l'amour, servant d'appui à la faiblesse, à l'inexpérience, ne répondraient qu'imparfaitement à ces deux idées relatives de maître et d'élève.

Sans calculer jamais les obstacles, la tête logique de M. Saint-Martin concevait tout par ensemble, et ne savait borner la portée d'un principe. C'était lui qui m'avait inspiré les moyens

d'étude, en me communiquant tout ce qu'il possédait de livres
et de matériaux relatifs à la langue géorgienne; il voulut m'y
perfectionner inévitablement. Il conçut donc, et digéra le plan
d'un voyage littéraire en Géorgie; ce fut lui qui se chargea de
le recommander aux puissances, car il n'employa jamais son
crédit que pour l'honneur des principes. Tout était prêt; un
ministre, d'un esprit non moins élevé que son caractère était
ferme, trop ferme peut-être pour une époque de dissolution
déja mûre, M. de Peyronnet, avait accueilli les bases de l'entreprise. Elle avait reçu l'approbation savante de l'Institut,
tout allait se décider; tout croula avec le trône qui portait l'édifice.

Dois-je renouveler nos douleurs, en rappelant quel chagrin
nous saisit tous, nous, les amis à divers degrés de M. Saint-
Martin, quand nous le vîmes, infidèle au culte des muses au-
teurs de sa gloire, se lancer dans la carrière du journalisme?
Deux factions, rivales en audace, s'acharnaient sur le plus beau
monument du premier règne de la dynastie restaurée. C'étaient,
d'une part, les rétrogrades constants dans leurs dédains pour
la pensée devenue bourgeoise; de l'autre, la haine de plus en
plus acérée du privilége : au milieu, un pilote faible, obstiné
comme l'un de ses frères, mais non clairvoyant comme l'autre.
M. Saint-Martin, monarchique par principe, et conséquent,
c'est-à-dire pour lui, extrême, entrevit le péril. Il crut qu'il
serait beau de soutenir l'arche chancelante, et dévoua sa plume,
son existence, sa fortune, à cette noble entreprise. N'en dou-
tons pas; c'était pour lui une affaire de raison, puis d'amour,
puis de reconnaissance. Il ne fallait pas moins de tant de motifs pour le tirer de sa retraite silencieuse, lui si doux, si pai-
sible, si ennemi de toute autre chose que du loisir des lettres
et des études. Triomphant dans sa noble entreprise, tous, ex-
cepté lui, s'en fussent attribué le succès : vaincu, il devint le
bouc émissaire.

Vraiment, je frémis de courroux quand j'entends, à mes
oreilles, les Dons Quichotes de l'ancienne aristocratie accuser
M. Saint-Martin de la chute du trône, comme si, dans un
temps où tout fermente, un seul homme était responsable de
cette fermentation. Quand l'attaque est frénétique, désespé-

rée, faut-il que la résistance soit molle? D'ailleurs M. Saint-Martin n'aurait que répété logiquement ce que disaient à tort et à travers, et sur tous les tons, les initiés des salons d'*ultra*, et les abonnés du club des bonnes lettres, présidé souvent par le chef du ministère. Dans cette guerre à mort, où l'on ne rêvait que ciseaux et potences, les plus mal avisés, mais non les moins déterminés, furent vaincus : un croc-en-jambe en fit l'affaire.

Je ne pense pas que l'homme de lettres soit propre aux discussions de la politique. Au fond d'un cabinet où pénètre à peine un demi-jour mystérieux, environné des précieuses reliques des morts, Platon peut méditer sur les grands principes qui régissent les peuples, en peser les rapports, les envisager sous toutes leurs faces, et en déduire de rigides conséquences. Mais la société est plus qu'une abstraction. Sous la main de l'homme de lettres, sa pensée revêt une forme fixe et impérissable; au lieu qu'il n'y a rien d'immuable pour la politique, ni en religion, ni en morale, ni en administration; son grand principe, c'est qu'il faut avant tout consulter les opinions et les besoins sentis ou actuels des peuples, et tâcher de les gouverner en les prenant tels quels : en se mettant en rapport de sympathie, le reste vient seul et au-delà. Sans doute *l'Universel* défendit bravement et logiquement sa cause. Gagnable, il l'eût gagnée. Oh! si le pouvoir d'alors, au lieu de proclamations et de circulaires menaçantes, eût percé des routes du nord au sud, ouvert des canaux partout, laissé le droit d'aînesse à nos aïeux, la pénitence du sacrilége aux prêtres, et des fusils à ceux qui ont des marchandises à défendre, la logique de *l'Universel* eût été plus concluante, sinon inutile.

Mais passons sur ces tragiques catastrophes.

Depuis que M. Saint-Martin eut adopté sa nouvelle carrière, plus d'études, plus de recherches, plus de compositions savantes, les ouvrages commencés marchèrent avec peine; plus de mémoires, plus de travaux. La seule chose à laquelle il ne renonça point, ce fut la direction du *Journal asiatique*, et de la gravure des caractères orientaux. L'arabe, l'arménien, le chinois, l'avaient précédemment occupé; à cette époque, il se livra à la gravure d'un corps zend.

Ici encore, et je ne serai point démenti par vous, jeune parvenu de la science dont j'ai vu les succès littéraires et la rapide élévation avec le loyal plaisir de l'estime satisfaite, ici encore M. Saint-Martin se montra ce qu'il avait toujours été, désintéressé dans ses nobles travaux. On voit, par beaucoup de passages des Mémoires sur l'Arménie, que M. Saint-Martin s'était occupé du zend, et l'avait étudié avec soin. Ce que je sais, et ce que seul j'ai pu savoir, c'est qu'il avait ramassé pour cette étude de nombreux, et certes non méprisables matériaux. Mais le désintéressement littéraire dont il faisait profession ne l'empêcha pas de prodiguer ses conseils, et de communiquer toutes ses recherches au nouvel investigateur, et, malgré les difficultés, un corps de caractères zends fut gravé pour lui. Un jaloux, un petit homme eût gravement décidé la chose impossible, aurait empêché qu'elle ne se fît, ou l'aurait faite seul sur les dessins du postulant *.

Quand arriva la révolution de 1830, des sommités qu'il atteignit d'abord, l'orage descendit bientôt vers la plaine. Là, plus d'un lâche se cacha dans les brouillards, plus d'un habile du jour s'effaça dans des faux-fuyants de lui connus, à la faveur de l'anonyme ou d'un déguisement. M. Saint-Martin ayant fait tête, fut rencontré et enlevé par ce tourbillon : cela paraissait rationnel. Il eut occasion d'écrire, à ce sujet, aux rédacteurs du *Temps*, le 19 septembre 1830, une lettre digne de sa franchise, mais inférieure peut-être à sa logique; car, après y avoir parlé de sa vie littéraire, qui méritait bien d'être exposée au grand jour, noble et pure comme elle l'était, il parle de sa chute comme d'une chose étonnante, comme s'il y avait rien d'étonnant en révolution dans les excès enfantés par la bassesse, la délation et la peur. Peu au fait des machinations d'intrigue qui assiégent les ministres, je sais seulement, à ce sujet, que l'intention première du gouvernement avait été de diminuer ses traitements, sans lui ravir toutes ses ressources, mais que des menées étrangères au ministre lui forcèrent, pour ainsi dire, la main.

* M. E. Burnouf.

Au reste, comme il y a toute raison de croire que M. Saint-Martin n'était pas capable de déguiser une vérité nuisible à ses intérêts, un pareil dénoûment n'était pas logique. Puisque M. Saint-Martin affirme, dans la lettre citée plus haut, qu'il demeura complètement étranger à la rédaction politique de *l'Universel*, et qu'une personne, mieux placée que qui que ce fût pour en juger, affirme n'avoir jamais vu dans ces diatribes une seule ligne de sa main, la responsabilité lui en fut donc imputée à tort : il est bon d'en décharger sa mémoire.

Rentré dès-lors dans le néant politique, dont, pour son repos, il eût dû ne pas sortir, M. Saint-Martin, après s'être un peu remis de l'étourdissement de sa chute, reprit ses travaux littéraires qu'il chérissait. Entre ses mains, le *Journal asiatique* continua de prospérer, et sa belle édition augmentée de l'*Histoire du Bas-Empire*, commencée en 1824, parvint au douzième volume.

La manière de composer de M. Saint-Martin n'était pas uniforme. Doué, comme il l'était, d'une logique serrée, et difficile par conséquent sur le choix des idées et des expressions qui les rendent, mais en même temps dépourvu de l'imagination qui crée les unes et les autres, et les met à souhait au service de l'écrivain, il commençait par concevoir son plan, ses divisions, ses idées fondamentales, la charpente de l'édifice, s'il s'agissait d'une dissertation ; puis il se pénétrait de la matière par des lectures variées, arrêtant dans son esprit tout ce qui devait concourir au sujet ; ensuite il rédigeait, sans autre livre que sa tête, sauf à ajouter les citations en relisant, après avoir transcrit.

Il avait traité de la sorte plusieurs points de l'histoire ancienne et moderne, et j'ai vu dans ses papiers de nombreux mémoires relatifs 1° aux antiquités de l'Égypte, à Sanchoniaton et Manéthon ; 2° à l'époque de l'éclipse de Thalès, un mémoire et son supplément ; 3° des fragments d'une histoire des Sassanides, et d'autres moins importants ; 4° un travail très-volumineux sur la dynastie des Arsacides ; 5° un Mémoire sur l'année de la naissance de J.-C. Il annonçait souvent comme achevé un ouvrage dont la conception était seulement

organisée dans sa tête. Quand il en était à la première digestion
du plan, chose déja difficile par elle-même, comme si tout
était terminé, il prenait en particulier quelque auditeur com-
plaisant, sa femme, sa fille, le premier venu; puis, comme un
homme qui penserait tout haut, il vous détaillait un plan im-
mense et ses divisions; et, s'exaltant de ses inspirations mêmes,
il vous en vantait l'importance, l'utilité, la prééminence sur
toutes les autres: et souvent il disait vrai. Ah! combien de
beaux livres morts ainsi dans son cerveau!

Aucune des grandes questions de la philologie, de l'histoire
et de la géographie anciennes, n'était étrangère à M. Saint-Martin.
Il avait étudié avec un soin spécial, et les migrations de l'Europe vers l'Asie, et celles de l'Asie vers l'Europe et l'Afrique.
Les établissements orientaux de la côte méridionale de la Mé-
diterranée, et, par suite, ceux des Romains dans les mêmes ré-
gions, le mirent à même d'éclaircir beaucoup de passages des
anciens, un, entre autres, de l'historien Salluste. Ces recherches scientifiques acquirent bientôt une importance supé-
rieure à celle qu'il prétendait en tirer d'abord, lorsque la
guerre d'Alger, en 1830, vint les mettre en lumière. Il composa
à l'époque de l'expédition divers mémoires, dont la lecture
excita un étonnement général parmi les vieux guerriers que,
du fond de son cabinet, il allait guider sur ces plages lointaines.
Si la France possède Alger, c'est à lui qu'elle le doit en partie;
si la colonie prospère, ce sera encore par ses directions. Ainsi
répond la science à ses détracteurs.

Mais où il excellait, et ce qui souriait le plus à son génie,
c'étaient les notes et travaux de détail. Il en avait amassé pour le
zend de très-gros paquets, et d'autres par ordre alphabétique,
que j'estime à plus de dix milliers, relatives aux idiomes, à
l'histoire, à la géographie, à l'antiquité, à la critique des peuples et des littératures de l'Arménie, de la Perse, de l'Arabie,
de la Turkie, toutes écrites fort proprement, et d'une écriture
fine et serrée. Dans ce genre de travail, on distinguera le
voyage de l'évêque arménien Martyr, inséré au Journal Asiatique, et les annotations considérables du Lebeau. C'était là son
répertoire permanent de faits curieux, de rapprochements,

d'explication de passages difficiles, de restitutions de textes,
de comparaisons qui nourrissaient ses improvisatinos savantes.
MM. les membres de l'Institut, dont j'ai entendu plusieurs ad-
mirer la variété de ses à-propos, et l'immensité de son érudition,
et les lumières soudaines qu'il jetait dans une question épi-
neuse, auront, dans ce que je viens de dire, la solution du problème qu'ils ne savaient résoudre.

Autant il avait de difficulté à composer des ouvrages de longue haleine, autant il était rapide dans le discours. Sans doute
il n'aurait pas fallu écrire ce qu'il disait ; mais, dans chacune
de ses phrases, il y avait une portée que mesurait de suite son
interlocuteur, et dont on pouvait très-souvent profiter. Peut-
être se fiait-il trop à sa facile et riche mémoire ; et il serait difficile de dire ce que serait devenu sous sa plume un ouvrage
important, composé de souvenirs et sur épreuve. Il avait entre-
pris en 1828 l'histoire de Palmyre : 150 pages étaient composées,
96 en feuilles, et le reste en placards isolés. Comme nous n'a-
vons rien trouvé de compacte sur ce sujet dans ses cartons, il y
a lieu de croire que le reste était seulement conçu et organisé
dans sa tête. Des notes assez considérables relatives à cet objet
pourront peut-être mettre sur la voie un acquéreur intelligent :
mais qui se chargera d'un tel travail ?

Jusqu'ici j'ai parlé du savant, j'ai peint ce que j'avais vu des
mœurs littéraires de M. Saint-Martin : il me reste à parler des qualités de son cœur. M. Saint-Martin avait l'ame sensible et aimante.
Il avait épousé en 1818, avant que sa réputation fût encore
fixée par l'impression de ses mémoires, la veuve du général
Casteix, qui, en s'unissant à son sort, ne fit qu'échanger une
haute capacité militaire contre le mérite non moins relevé d'un
homme de lettres. M. Saint-Martin, homme sérieux et d'inté-
rieur, avait voué à la compagne de sa vie un véritable culte,
dont ceux qui la connaissent savent combien elle en était digne,
et se délassait, dans les plaisirs de la famille, de ses savantes
fatigues.

L'affection qu'il avait conçue dès le jeune âge pour M. Abel-
Rémusat, ne fit que s'accroître avec le temps, et se consolider
par une estime profonde et réciproque. Il fut fidèle jusqu'à la

tombe à cette amitié dont il y a lieu de croire qu'il faisait une bonne partie des frais. Lorsqu'une douloureuse maladie vint lui inspirer pour son ami des craintes sérieuses, M. Saint-Martin s'attacha à son chevet, et lui prodigua les soins les plus tendres. Le jour et la nuit, rien ne put l'arracher à cette douce et pénible occupation. Quand la mort eut frappé son dernier coup, ce fut encore M. Saint-Martin qui conduisit son ami à la demeure qu'il avait choisie et marquée lui-même près de sa mère, à Saint-Fargeau. Il sembla dès-lors dégoûté de la vie. Abreuvé de dégoûts et de disgraces, il tomba dans un état de démoralisation vraiment affligeant. Ni les scènes tumultueuses du mois de juin, ni les soins de la vie, rien ne put le distraire de ses regrets. « Il m'emmènera », disait-il souvent.

Tout concourait d'ailleurs à hâter le terme d'une vie si précieuse à la science. Présenté par le collége de France, et appuyé par l'unanimité de l'Institut pour une chaire d'histoire, il y eut une persévérance calculée à lui refuser une nomination solennelle. M. Saint-Martin lui-même en aurait senti la justesse s'il n'en eût été la victime. Qu'aurait-il en effet enseigné? lui pour qui le principe monarchique était sans doute divin, il aurait appelé révolte toute révolution venant d'en-bas. Et maintenant on ne veut des rois que pour plastrons, et des places que comme moyen de fortune ou d'influence. On lui refusa plus tard de remplacer M. Abel-Rémusat, au dépôt des manuscrits de la Bibliothèque royale. Qu'avait donc alors de si redoutable un homme disgracié, sans crédit, qui avait rompu avec la politique? Des craintes, fondées peut-être en 1830, ne l'étaient certainement plus en 1832. Regrettons qu'il se soit trouvé des circonstances telles qu'un homme de talent, appelé par l'opinion générale au premier poste littéraire de la capitale, n'ait pu, à cause de ses opinions politiques, être admis à le remplir.

Arrivé à la dernière page de cette vie si pure, si glorieuse, par ses succès et par ses revers, j'avoue que la reconnaissance devient pour moi un triste devoir. Lui que j'avais vu trois jours avant, abattu par le chagrin, il est vrai, mais plein de santé et vie, et luttant contre les douleurs de l'amitié, et les incertitudes de son sort, je ne devais plus le revoir. Le samedi 14 juillet il fut saisi d'une violente migraine; sujet depuis sa jeunesse aux retours périodiques de ce mal, il n'en conçut aucune inquiétude. Atteint de vomissements le dimanche, à peine s'il daigna s'en inquiéter encore, parce que c'était chez lui la suite ordinaire du premier mal. Cependant, il fut bientôt impossible de méconnaître les plus violents symptômes du choléra asiatique. Au milieu des convulsions de la mort, M. Saint-Martin conserva la sérénité de son ame, et ne poussa d'autres plaintes que celles arrachées par la force de ses douleurs. La crise passée, il reposait avec calme, témoignant à ses amis sa reconnaissance de leurs soins. Ce fut dans un de ces intervalles qu'il se souvint de l'un de ses élèves qu'il avait le plus affectionnés. Mandé par ses ordres, M. Eugène Burnouf vint retirer d'entre ses mains, pour le présenter à la commission orientale, un manuscrit que je lui avais confié peu de jours avant. C'était la traduction, avec le texte critiqué, du code Géorgien, entreprise sous son inspiration. Désirant autant que moi la publication de cet ouvrage, il voulut qu'à son dernier jour s'attachât encore pour moi le souvenir d'un service rendu.

J'appris par les Débats du mardi 17 qu'il avait cessé de vivre.

Tout fut touchant, j'en atteste les souvenirs de chacun, dans la pompe lugubre de ses funérailles, et le concours d'amis sincères, à peine prévenus à domicile, et les larmes, et l'affliction profonde de ceux que lui attachaient, la veille encore, d'aimables relations, et les chagrins paternels du Nestor de la littérature orientale, versant des regrets pour la troisième fois sur la tombe d'un élève. Il n'y eut pas jusqu'à la pompe militaire accompagnant ce brave de la loyauté, qui n'ajoutât au solennel de ce spectacle. Pour moi, j'avoue que, voyant tant de gloire et l'espérance d'une longue vie ensevelie dans la poussière, ma raison s'égara, et je n'entrevis plus dans l'avenir que douleurs. Les journaux du jour et du lendemain retentirent de ses éloges. Ses amis en insérèrent un, entre autres, dans la Gazette de France du 19 juillet, où, sans doute par de louables motifs, on avançait que la mort l'avait surpris au sein de la misère, qu'il avait manqué de linge pour ses pansements. En les remerciant de leur intention au nom de la famille, je suis autorisé à démentir le fait. Sa fidèle épouse eut la consolation de pouvoir ne lui refuser aucune des prescriptions des trois docteurs qui lui prodiguèrent leurs soins.

M. Saint-Martin avait la taille haute et svelte, le maintien grave et assuré. Ceux qui ne le connaissaient pas eussent pu l'accuser de pédantisme : mais quand on savait ses habitudes, il était impossible de s'y méprendre. Sa physionomie était pâle et plutôt maigre que pleine ; ses yeux délicats mais flamboyants. A le regarder de près, on ne pouvait s'empêcher de dire : C'est un excellent homme ; tant il y avait d'abandon et de douceur dans ses traits. Sa tête était chauve avant le temps. En un mot, toute sa personne annonçait l'homme sérieux, mais bon et aimable, une ame forte, un tempérament nerveux. Bien différent de ces hommes qui cherchent à exagérer leur certaine importance sociale, en se rendant invisibles et de difficile accès, M. Saint-Martin laissait à toute heure sa porte ouverte. Son livre était sous ses yeux, il suivait la trace d'une idée, n'importe : vous étiez le bien venu. Il avait ses jours ; mais, pour rendre service, il ne trouvait pas mauvais qu'on les oubliât : car tous les jours le trouvaient prêt.

Maître vénéré, si votre mémoire avait besoin d'un monument plus précieux que vos ouvrages, ce monument est dans les cœurs de vos amis, dans le cœur de celui qui s'honorera toujours d'avoir été votre élève. Oui, je serai fidèle à la religion du tombeau, et je jure de déposer sur le vôtre, puissent mes faibles écrits quelque chose pour votre gloire ! l'ouvrage même auquel vous avez tant coopéré par vos conseils. Il portera pour dédicace : « Aux mânes de celui qui fut mon maître et mon ami.»

ADDITION POUR LA PAGE vij.

Il paraît cependant que, dans sa première jeunesse, M. Saint-Martin cultiva la poésie. Nous tenons de sa sœur qu'il composa une tragédie sur le sujet de Don Carlos, et qu'il en montra les

premiers actes au célèbre Delille, avec qui il était en rapports
fréquents. Ce grand poëte, tout en appréciant les efforts d'un
jeune homme plein de verve et d'enthousiasme, l'engagea à ne
point suivre cette route. M. Saint-Martin fut si docile, qu'il ne
s'est retrouvé aucune trace de ses essais poétiques.

www.ingramcontent.com/pod-product-compliance
Lightning Source LLC
Chambersburg PA
CBHW071442030726
47594CB00006B/2788